# PLUS DE COMPLAISANCES

# RESPECT A LA LOI

---

## LETTRE A MES COLLÈGUES

PAR

### OMER CHARLET

Membre du Conseil général de la Charente-Inférieure

Fais ce que dois.

PARIS

TYPOGRAPHIE LAHURE

RUE DE FLEURUS, 9

1872

PLUS DE COMPLAISANCES

# RESPECT A LA LOI

# PLUS DE COMPLAISANCES

# RESPECT A LA LOI

---

## LETTRE A MES COLLÈGUES

PAR

### OMER CHARLET

Membre du Conseil général de la Charente-Inférieure

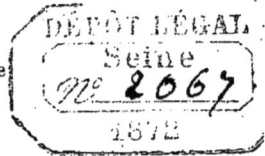

Fais ce que dois.

PARIS

TYPOGRAPHIE LAHURE

RUE DE FLEURUS, 9

---

1872

# PLUS DE COMPLAISANCES

# RESPECT A LA LOI

MES CHERS COLLÈGUES,

Le 4 novembre 1871 à minuit, avant de clore la session qu'il avait dignement présidée, M. le comte Lemercier se tournant vers le Préfet terminait un remarquable discours par ces paroles :

« Que ce magistrat veuille bien transmettre au Gouvernement nos témoignages d'adhésion à la *politique* de l'illustre M. Thiers, qu'il dise au Président de la République que nous le soutiendrons dans l'œuvre de réparation sociale qu'il a si courageusement entreprise avec le concours de l'Assemblée nationale; qu'il assure le chef de l'État que nous sommes unanimes à repousser de nouvelles secousses politiques, à l'aider à fonder en France l'ordre dans la liberté et le gouvernement du pays par le pays. »

Expression de nobles sentiments, ce langage défierait toute critique s'il restait personnel à son auteur. Malheureusement il tend à engager le Conseil et reçoit de l'enthousiasme qu'il excite un caractère que réprouvent également la loi du 22 juin 1833 et la loi du 10 août 1871. L'on voit aussitôt l'Assemblée faire de la motion de son Président la sienne, se jouer de la loi nouvelle, en transgresser l'article 51 qui interdit les vœux politiques, en oublier l'article 33, ainsi conçu :

« Tout acte et toute délibération d'un Conseil général, relatifs à des objets qui ne sont pas légalement compris dans ses attributions sont nuls et de nul effet.

La nullité est prononcée par un décret rendu dans la forme des règlements d'administration publique. »

Là ne s'arrête pas l'effet du discours.

Le Préfet, qui la veille déférait au Ministre comme illégal un vœu politique émis par le Conseil d'arrondissement de Saintes, cède à l'entraînement et dépêche à plus puissant qu'un ministre l'acte du Conseil général, acte gracieux mais politique et illicite dont il partagera les bénéfices. M. Thiers *qui a la garde des lois* s'empressera de répondre :

« Je vous prie de remercier les membres du Conseil général, ceux du moins qui sont à votre portée du témoignage qu'ils m'ont fait arriver par votre entremise. La confiance du pays est la meilleure récompense que je puisse obtenir des efforts que je fais pour lui rendre l'ordre, la liberté et une forte administration. Je persisterai dans la voie que j'ai suivie et secondé par un administrateur tel que vous monsieur le Préfet, je ne désespère pas de réussir. »

Eloigné de la Rochelle, pas du tout *à la portée* de la préfecture, je reçus néanmoins communication de cette réponse et ne m'en plaignis pas, car ce n'est qu'après l'avoir lue que je reconnus l'écueil où se laissait dériver le Conseil et me crus obligé de le lui signaler. Cet écueil, l'Assemblée qui vous précéda ne le soupçonna pas, et y fit, comme vous allez voir, une fin lamentable.

Le 23 août 1852, l'adresse suivante était enlevée sans plus d'opposition que celle du 4 novembre 1871.

« Le Conseil général de la Charente-Inférieure, interprète des populations qu'il représente, croit devoir au début de la session, exprimer sa vive reconnaissance au prince-président pour l'initiative énergique qu'il a prise au 2 décembre

(1851), initiative qui a sauvé la France et assuré la tranquillité publique. »

En s'efforçant d'être agréable en haut lieu, vos prédécesseurs souscrivaient allègrement à toutes les conséquences du coup d'Etat : Dispersion violente de l'Assemblée nationale, arrestation, mise à Mazas, exil d'hommes considérables dont l'illustre M. Thiers qui trouverait à notre encens un parfum des plus doux, s'il savait que les conseillers généraux de la Charente-Inférieure le prodiguèrent au prince qui le proscrivit.

Par ce premier acte de son existence, le Conseil de 1852 se condamnait à l'adulation perpétuelle. Il acceptera désormais toutes les adresses, tous les vœux politiques. L'acte du jour, que le lendemain il appellera un précédent, sera l'autorité infaillible qui décidera de ses complaisances à venir. Il louera le bien comme le mal : le traité de commerce, source de richesses pour nos contrées, comme la guerre funeste de 1859 qui fait l'unité de l'Italie d'où sortira cette unité germanique, cause de nos revers et de notre abaissement.

L'enthousiasme à doses répétées y altèrera si complétement la notion du droit et du devoir, qu'au jour où la Révolution frappera les Conseils généraux, il ne sortira de nos rangs que quatre ou cinq conseillers qui, sûrs du devoir, affirmeront le droit.

A ces quatre ou cinq, ajoutez les deux qui conduisaient au feu les enfants de Saintonge et d'Aunis et faisaient mieux encore que de protester contre un décret inique.

En tout six ou sept.... quelle fin ! [1]

Puissiez-vous jamais n'apprendre à vos dépens, mes nouveaux collègues, que de la première violation de la loi naît

1. Plusieurs de nos collègues avaient, paraît-il, une situation qui les obligeait en quelque sorte au silence. Je le reconnais volontiers : ce n'est pas pour récriminer, c'est pour avertir que j'écris.

un précédent, qui en engendre d'autres, et que tout précédent est un pas vers l'énervement qui autorise et laisse faire les décrets de Bordeaux.

Ce souhait ne se réalisera qu'autant que mettant à profit la triste expérience du passé, vous ne vous ferez aucune illusion sur le présent et garantirez l'avenir.

Croyez-vous l'adresse du 4 novembre 1871 plus excusable que celle du 23 août 1852 ? Illusion ! Si la forme diffère, le fond est le même : une pensée d'ordre.

L'une attend l'ordre d'une autorité vacillante et en rêve l'accord avec la liberté.

L'autre l'avait reçue du despotisme et s'en montrait satisfaite.

*Toutes deux sont également contraires à la loi.*

Croyez-vous qu'en imitant nos devanciers nous n'avons pas été plus coupables qu'eux ? Prenez garde ! ce serait encore une illusion, et celle-ci pire que la première serait notre perte. Dissipons-la donc aussitôt.

La juste appréciation des faits y suffira.

En 1852, c'est au début de la session, dès les premiers instants de la première séance, que le Conseil, composé par moitié de membres nouveaux, étrangers les uns aux autres, ignorants pour la plupart, comme je l'étais, des lois et des usages, reçoit à brûle-pourpoint l'adresse enthousiaste du coup d'État et la sommation de l'endosser.

S'y opposer, même pour les plus capables d'invoquer la légalité, n'était pas chose aisée ; car après tant de bouleversements dans les institutions, l'article de loi qui visait les adresses, *et n'avait jamais reçu d'application*, paraissait bien effacé devant l'éclat dont resplendissait le futur empereur.

Le défaut d'opposition fut pris pour l'adhésion du droit.

Lorsque plus tard, l'un de vos collègues se permit de rappeler la loi organique de 1833, d'en évoquer les dispositions comminatoires, la majorité, qui croyait en obéissant à la tradition ne pas désobéir à la loi, ne comprit rien à ce langage. Le Préfet eut pu le lui expliquer et s'en garda bien. Armé, sans en rien dire, contre le blâme, il laissait s'épanouir l'adulation qu'il expédiait comme fleur de ses semis à son gouvernement charmé.

Si j'ai bonne mémoire, l'empire, recevant des hommages dus à la loi seule, eut au moins la pudeur de ne pas ébruiter sa satisfaction. Mais ce n'est pas notre affaire.

En novembre 1871, la loi qui est exécutoire n'a pas trois mois d'existence lorsque nous en faisons le jouet de notre enthousiasme nocturne.

Par cette loi, nous siégeons avec des attributions étendues, des droits tout nouveaux. Nous avons une mission : c'est de nous en inspirer, de la pratiquer à la lettre; un devoir, c'est de la respecter dans ses moindres dispositions, à plus forte raison dans celles où s'exprime le plus nettement sa volonté.

Or, aucun de nous n'ignore après quelles discussions elle s'est prononcée pour l'interdiction absolue des vœux politiques, agréables ou non. Je n'y vois ni l'immunité pour ce qui plait soit à dire, soit à entendre, ni le droit des magistrats de la République, à quelque rang qu'ils appartiennent, de traiter la loi de 1871 plus cavalièrement qu'on ne traita sous l'empire la loi d'un règne antérieur.

Notons ceci. L'adresse de 1871 se produit quarante-huit heures après que Président, Conseil, Préfet ont eux-mêmes tracé la règle de conduite de chacun dans la délibération suivante (Page 237 de nos procès-verbaux.) :

« Au sujet des vœux émis par le Conseil d'arrondissement de Saintes, relatif à la forme du gouvernement, votre quatrième commission ne peut que regretter profondément que cette assemblée ait fait aussi peu de cas des dispositions de la loi qui lui interdisent absolument de s'immiscer dans la politique proprement dite.

. . . . . . . . . . . . . . . . . . . . . . . . . .

*M. le Président déclare que le vœu ne sera pas lu: la question préalable est votée. M. le Préfet déférera le vœu au ministre de l'Intérieur.* »

Après avoir tancé l'immixtion d'une autre assemblée dans

la politique et secondé l'ardeur du Préfet à poursuivre le vœu politique de Saintes, le plus simple sentiment des convenances nous interdisait ce que nous avions condamné chez autrui. En obéissant à ce sentiment nous honorions tout à la fois loi, préfet, chef de gouvernement, nous-mêmes.... et nous restions dignes.

Droit et convenances, le Conseil oublia tout pour prêter à la loi deux poids et deux mesures, offrir au Préfet une part dans ses complaisances, donner au chef du gouvernement l'occasion de ne se montrer soucieux que de sa vanité.

En résumé les conseillers des deux époques ont méconnu leur devoir : Ceux de 1852 en transgressant les dispositions tombées en désuétude d'une loi ancienne; ceux de 1871 en passant outre aux prohibitions d'une loi toute récente accentuées avec une intention bien marquée par l'Assemblée nationale, appliquées par le Conseil général lui-même dans une de ses délibérations.

Cela étant hors de doute, je vous laisse à prononcer entre les uns et les autres et à méditer sur la suite de complaisances que promet l'adresse.

Mais ce ne serait pas assez de méditer si vous ne deviez agir.

Vous le reconnaîtrez en me prêtant une sérieuse attention.

Dans une récente publication qu'accueillit votre bienveillance, j'exprimais la crainte qu'on ne trouvât personne pour faire appel au décret d'annulation si l'acte ou la délibération du Conseil général étaient, quoique illégaux, agréables au Chef du pouvoir exécutif.

Aurais-je dit autrement si j'avais prévu l'adresse, la double attitude du Préfet, les remerciements du Président de la République?

J'y regrettais en outre qu'à l'interdiction absolue le législateur n'eut pas substitué des conditions qui, tout en rendant très-rares vœux et adresses, eussent mis le Conseil à l'abri des surprises.

Avais-je tort ou raison?

Il importe à cette heure moins de le savoir que de réta-
blir la loi dans son autorité compromise, que d'empêcher
notre premier manquement de devenir la première étape
sur le chemin des défaillances.

Le règlement va se faire. Écrivons-y que toute proposition verbale quels que soient

L'heure où elle se produise;

Le sentiment qu'elle exprime;

Les termes dans lesquels elle est conçue;

Les applaudissements qui l'accueillent;

Sera regardée comme non avenue si elle n'a été renvoyée
à l'examen d'une commission, discutée et votée, après lec-
ture du rapport en séance publique.

Garantis ainsi contre l'entraînement que produit en le
subissant une parole éloquente et sympathique, nous aurons,
si la proposition est illégale, le temps de la démasquer, en
tout cas le sang-froid pour l'apprécier.

J'ai protesté souvent sous l'empire contre les manifesta-
tions politiques, quelquefois seul, comme après la campagne
d'Italie, et toujours sans succès, par cette raison que j'ai
dite : que le Conseil s'était créé des précédents et ne suivait
qu'eux.

Sous un régime mal assis, fragile, qui n'a d'autre étai
sérieux que le respect des lois, j'ai bon espoir que tous ceux
qui s'y abritent écouteront le collègue qui leur crie : Ren-
dez de la force à l'étai déjà trop ébranlé. Ne portez plus sur
la loi de 1871 une main imprudente!

De ce qu'un Conseil général n'a point à s'immoler à
l'exemple de Caton pour les causes vaincues, il ne s'en suit
pas qu'il puisse, oublieux de sa dignité, se faire l'éternel
courtisan de tous les succès.

Depuis quelque temps, il n'est bruit que de complots
bonapartistes et d'un autre retour de l'île d'Elbe. Sans y
croire, même à la vue de précautions partout multipliées,
mettons que ces bruits sont fondés. Un débarquement
s'exécute, les paysans accueillent à bras ouverts celui dont

le nom dans les campagnes signifie : révolution, conserva-
tion. L'aigle une fois encore vole de clochers en clochers.
L'empire est rétabli.

Le Conseil général convoqué se trouve en présence d'un
nouveau préfet qui sait le prix des traditions et l'excite à
l'enthousiasme. Il y a bien dans l'assemblée quelques hono-
rables conseillers restés fidèles à l'empire dans ses vicissi-
tudes. L'un d'eux se lève et reprend, avec une variante au
profit de l'empereur, l'éloquente péroraison de M. le comte
Lemercier, devenue notre adresse du 4 novembre.

Il en propose le vote immédiat.

Tout cela, je le répète, n'est qu'une supposition. Mais je
me demande avec effroi ce que répondrait notre loyal Président, ce que ferait le Conseil général si la supposition
devenait la réalité ? Tout, hélas ! est possible en France.

Avant l'acte où les entraîna leur commun enthousiasme ,
ils auraient pu, retranchés derrière la loi, braver le préfet
impérial, opposer fièrement à l'éditeur de l'adresse cette
question préalable qui eut raison du vœu politique d'un
Conseil d'arrondissement. Le pourraient-ils encore ?

Contre un caprice de la fortune, quelques hommes de
cœur pour lutter n'ont qu'à prendre conseil de leur con-
science. Une assemblée pour affirmer son indépendance a
besoin de se sentir appuyée par un texte indéniable. Mal-
heur à celle, qui n'ayant vu dans la loi que des entraves
faites pour autrui, non une protection pour elle-même, en
a secoué le joug ! Elle n'a qu'à courber la tête et à laisser
faire.

L'éventualité que j'ai mise sous vos yeux choque-t-elle
les conseillers d'une contrée qui courut au plébiscite, où
je n'allai pas ? Ils en admettront d'autres qui sont dans l'air.

M. Thiers n'est pas éternel, qui lui succèdera ?

Il y a bien des prétendants et de toutes couleurs à l'ho-
rizon. Celui qui l'emportera tiendra d'autant plus à vos
acclamations, à vos vœux, qu'il en sera moins digne. Pour
les obtenir il aura des préfets, des commissaires ou des pro-
consuls qui, visant au défaut qu'a fait à notre armure une

nuit mauvaise conseillère, demanderont pour leur chef sa part de l'encens dont, à les entendre, nous tiendrions débit.

Subirons-nous ces indignités?

Comment y résisterions-nous, si nous restons vulnérables?

Nous serons vulnérables tant que, par un acte d'énergique volonté, nous n'aurons assuré la loi contre une nouvelle surprise.

Faisons donc au plus vite et à la façon de l'ingénieur qui, au devant du rempart dont il veut détourner l'attaque, construit un ouvrage avancé. L'ouvrage moins imposant que la place, la garantit contre les coups de main, soutient le moral de ses défenseurs, permet d'organiser la résistance.

L'article que je vous ai proposé d'introduire au règlement serait l'obstacle qu'il faudrait emporter avant de s'attaquer à la loi elle-même.

Combien notre honorable président, trop dépouillé de son autorité par l'adresse du 4 novembre, se sentirait plus fort contre l'audace, au service d'un succès malsain, s'il avait cet article à lui opposer ! Combien en en recueillant les bénéfices nous nous sentirions plus indépendants.

Hâtez-vous de l'accepter, sinon d'y suppléer par quelque chose de plus efficace, car une autre minute d'entraînement comme celle de la dernière heure de notre session dernière et le Conseil devrait, par sa faute et pour sa punition s'incliner devant toutes les hardiesses réussies, devant tous les prétendants heureux.

La logique des complaisances èst invariable.

Savez-vous mes chers collègues pourquoi la démocratie des États-Unis, toujours remuante et agitée, ne renverse jamais le pouvoir qu'elle ne cesse de harceler? C'est que la loi plane si haut dans ces vastes régions de la République modèle, qu'il n'est ni pouvoir exécutif, ni assemblée, ni parti qui ose jamais l'abaisser au niveau de ses vanités, de ses caprices, de ses passions.

Que cela nous serve d'exemple à nous qui devons être l'exemple des autres assemblées du département.

Si, par un acte bien précis, nous établissons notre inébranlable résolution de ne jamais manquer à la loi, nul n'osera dans les conseils d'arrondissements, dans les conseils municipaux faire de propositions qu'elle condamne. D'autres conseils généraux nous imiteront, et peu à peu, dans toutes les parties de la nation, en haut comme en bas, pénétrera le respect de la loi, gage de sécurité dans le présent, de grandeur dans l'avenir. Plus d'adresses donc! Plus de vœux politiques! Plus d'enthousiasme irréfléchi.

Plus de complaisance! respect à la loi!!!

J'ai l'honneur d'être votre très-humble et très-dévoué collègue,

OMER CHARLET.

Paris, 14 mars 1872.

---

## AVIS AUX LECTEURS.

J'écris en ce moment la chronique du Conseil général de la Charente-Inférieure depuis 1852, et ni les procès-verbaux qui ne reproduisent que la surface, ni des notes prises sur le vif, mais écourtées, ne suffisent à mon désir de retracer fidèlement, ce dont je fus le témoin.

Il importe cependant à ceux qui ont fait partie de cette assemblée, comme aux familles qui s'y rattachent par des souvenirs, que dans un travail qui, bon ou mauvais, restera comme une source de renseignements pour l'avenir, l'erreur ou l'inexactitude ne prennent jamais la place de la vérité.

Je supplie en conséquence mes anciens et mes nouveaux collègues et toutes les personnes qui auraient des pièces propres à m'éclairer: projets ou travaux relatifs à des questions agitées au Conseil, biographies ou esquisses de caractères, portraits, de m'en adresser copie après le 17 avril, au château, Ile-d'Oleron.

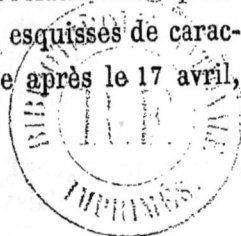

Typographie Lahure, rue de Fleurus, 9, à Paris.